AF501775

ALBUM MARS

MESDAMES LES CYCLISTES

LIBRAIRIE PLON

DU MÊME AUTEUR, A LA MÊME LIBRAIRIE :

ALBUMS POUR LES GRANDES PERSONNES

AUX RIVES D'OR
Marseille — Toulon
Hyères — Saint-Raphaël — Cannes — Nice — Monaco — Menton
Bordighera — San Remo — Gênes et leurs environs.

AUX BAINS DE MER D'OSTENDE

SABLE ET GALET
PLAGES DE NORMANDIE ET DU NORD
De Cherbourg à Rosendæl-Dunkerque.

PLAGES DE BRETAGNE ET JERSEY
Saint-Malo — Paramé — Cancale — Dinard — Portrieux
Roscoff — Saint-Pol de Léon — Plougastel — Mont Saint-Michel — Avranches
Granville — Saint-Hélier.

PARIS BRILLANT

LA VIE DE LONDRES

ALBUMS POUR LA JEUNESSE

NOS CHÉRIS
Chez eux — A la ville — A la mer — A la campagne — Dans le monde.

COMPÈRES ET COMPAGNONS
Petits amis — Grands amis — Bonnes connaissances

JOIES D'ENFANTS
Au printemps — En été — En automne — En hiver

Chacun de ces Albums forme un beau volume in-4° richement illustré en couleurs, très élégante reliure toile anglaise avec fers spéciaux. Prix : **10** *francs.*

PARIS

LIBRAIRIE PLON

E. PLON, NOURRIT ET Cie, IMPRIMEURS-ÉDITEURS

10, RUE GARANCIÈRE

Culotte or not *culotte*,
That is the question!

La jupe a son secret, la jupe a son mystère;
Mais la culotte, hélas! n'a point l'art de se taire!
MARS

RENCONTRE

— Mariée?

— Non, mon cher, acatène!

MARS

Trop et trop peu
Gâtent le jeu!

AU MANÈGE

Une impression bizarre, — quand on est habituée à se faire boucler la ceinture par une femme de chambre !

Épatant, ce que ça repose d'avoir un pneu crevé — qu'un ami s'époumone à regonfler !

AVEC LE PROF

— Dites donc, m'sieu, maintenant que je vais, faites-moi le plaisir de laisser tout cela tranquille !

Sera joliment contente quand on lui permettra de faire du vingt-quatre à l'heure avec Gaston, sans sa man-man !

PIMBÊCHE

— Fi! mon cher, conçoit-on qu'une femme puisse ainsi montrer ses mollets!

PROFESSIONNELLE

C'est bien comme cela qu'on se mettait pour bécaner — sous Louis XV!

PIQUANT SON PETIT EMBALLAGE

Aïe donc! ventre à terre, et gare la casse!

— Dites donc, mère Lamidey, si qu' j'avions à nous montrer dans c'te toëlette, p't'-êt' ben qu'y en a qui trouverions qu' c'est trop long ou trop court!

A DADA

— M'asseoir comme tout le monde, je ne pourrais plus m'y faire!

HOSANNAH

— Gn'a pas, ma chère : le vélo, la voilà bien, la vie d'intérieur!... — A l'extérieur!

— Eh bien! ta bécane?
— Suspendue, pour quelques jours.
— Mais tu ne lâches pas ta culotte?
— Dame, quand je me montre en jupe, ils me croient enrhumée!

LA LEÇON DE LA POUPÉE

Au temps jadis, une poupée
Qui disait papa et maman
Se croyait fort émancipée :
Les temps sont bien changés, vraiment!

Aujourd'hui, pour plaire à Bébé,
*Il faut qu'à vélo l'*incassable,
Correcte, en forme, sans tomber,
Établisse un record passable!

Chaque âge a les jeux qu'il appelle;
Le tout est d'en changer à temps :
L'emballage sied au printemps;
L'hiver venu, gare la pelle!

A TOUTE VAPEUR!

La chute d'un ange.

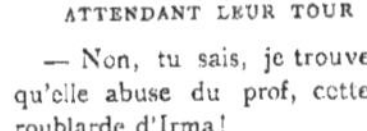

ATTENDANT LEUR TOUR

— Non, tu sais, je trouve qu'elle abuse du prof, cette roublarde d'Irma !

MÉLANCOLIES

— Décidément, on n'a pas toujours raison de filer à deux, mais on a toujours tort de rentrer seule !

Satanés plis !

GENREUSE

— Madame la baronne n'a pas l'air en train, ce matin : si madame la baronne veut, je monterai à sa place!

— Oh là là! c't' assiette! A-t-elle dû pleurer pour l'avoir!

— C'est pourtant chic d'être seule, quéqu'fois!

SUSURREMENTS

— Et votre mari, dans tout cela?

— Mon mari, ben, quoi? il n'en fait pas; que voulez-vous que je vous dise!

L'heure de l'*apéritive!*

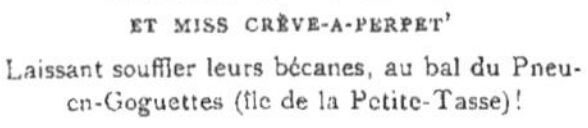

CYCLAMOR, DU « CYCLAMEN »
ET MISS CRÈVE-A-PERPET'

Laissant souffler leurs bécanes, au bal du Pneu-en-Goguettes (île de la Petite-Tasse)!

POSANT

— Alors, prise de ce côté, vous appelez ça, entre artistes?

— Un profil « trouvé », madame, pour vous servir!

— John, pour aller au Bois, vous sellerez le vélo bai brun!
— C'est que je me permettrai de faire observer à madame la comtesse que la bécane alezane n'est pas sortie depuis plusieurs jours!

— Mon petit Ernest, tu ne me dis pas grand'chose!
— Je surveille nos machines!
— T'as peur qu'elles se bécottent?

— Comment! tu ne fais pas de vélo?
— Jamais!
— Poseuse, va!

Parlez à la concierge (maman)!

— Et qu'est-ce que vous posiez, dans les ateliers? le buste?
— Non, le contraire!

ÉPANCHEMENTS
— Tu sais, mon gros, quand tu descends de machine, on ne peut pas dire que tu sois remonté!

— Et cette poche sur la hanche?
— Ma boîte aux lettres!

J'avais une culott' de v'lours,
Que j'm'en souviendrai toujours,
Souvenez-vous-en,
Souvenez-vous-en!

GLOBE-TROTTER

Mademoiselle Herminie, de Montmertre!

Mesdames Pedalowitch et Antiderapantopoulo, de la colonie étrangère!

UN NUAGE

— Fallait le dire, que ça t'embêterait de boulonner gentiment nous deux : il te faudrait sans doute une femme à vapeurs?

— C'est drôle! quand je n'ai pas de jupe à retrousser, je ne sais où fourrer mes mains!

— Eh bien, ne les fourrez pas!

GÉORGIQUE

Georgette a l'âme poétique,
Et passe ses meilleurs moments
A dévorer force romans
Avec une ardeur frénétique!

Son vélo la porte partout
Où l'appelle sa turlutaine :
C'est l'indépendance certaine,
Et l'art de se ficher de tout!

En quête d'un déjeuner : ce que la pédale est apéritive!

LES SISTERS TRIPLETT

Pédalant à la recherche de trois tandems pour le bon motif.

CHEZ LE PHOTOGRAPHE

— Comme vous voudrez, monsieur ; dites-moi de quel côté cela se présente le mieux !

RENSEIGNEMENT

Air [illegible] !

Il était une débutante,
Qui n'avait jamais dérapé ;
Elle demeurait chez sa tante,
Un milieu pas mal râpé !

Petite maman allant à la papa !

SON RÊVE

Un petit homme bien gentil qui lui ferait ses nœuds de cravate !

Miss Dolly Dollar.

Profil de petite folle!

Une cycliste prévoyante peut oublier sa clef, à la rigueur, mais jamais sa lanterne!

DE COMTESSE A MARQUISE

— Ah! mais, tu sais, casse-toi ce que tu voudras, mais ne fausse pas mes pédales!

Aôh! very comical!

Se donnant de l'air.

A LA COURSE DES ARTISTES

Bonnes petites amies bêchant les performances des camarades!

Enfourchant Cocotte.

BATAILLE DE FLEURS

Pif! paf! dans le tas! Ça tombera toujours sur un type de connaissance!

EN CHEMIN DE FER

Ce qui la désole, c'est de devoir se séparer de sa chère machine! Rêve de compartiments spéciaux : on prendrait un billet de chien!

— Les femmes, ce que ça les fait bisquer que ma jambe me permette de boutonner au-dessus du genou!

LA LANGUE DES DÉESSES

— Et ton type, tu l'as semé?

— Dame! Nous démarrons, il emballe, je le gratte, il me plaque : bref, nous nous décollons, et ni vu ni connu!

BÉCANICHES DU DIMANCHE

TOUR DE VALSE

— Tu la pédales trop vite : je ne puis pas te suivre!

Un temps de chahut, pour se dégourdir le galbe!

TANDEM — ROUCOULEMENTS

— Mon ami, si tu crois que de t'avoir comme ça dans le dos, tout le temps, ça me varie le paysage!

Petite robe de chambre pour cycliste chez elle.

TANDEM-COBBLER

EN BALLADE A BAGATELLE

— Trois fois qu'il me croise! Nous allons bien voir : s'il est pincé, il va se fiche par terre!

POUR FAIRE SA RÉACTION, APRÈS LE BAIN

A REFRESHMENT HOUSE

Toujours pratique, Joséphine
N'a point amené sa machine!

Miss Neverfast, de San-Francisco.

AUX PREMIÈRES LOGES

— Si cette chipie d'Hortense enlève le record, je lâche la bécane — et toi avec!

Pour elle, un bouquin n'a de sel que quand il est poivré!

Moitié fine, moitié moka : moi, ça me retape!

AVEC SA CUISINIÈRE

— Et comme entremets, madame?

— Rosalie, vous me ferez un pneu au chocolat!

UN MALIN

Rattache ses chaussures — pour se l'attacher!

STYLISH

(Pour le moins, quelque épouse morganatique de principicule médiatisé?)

— Rien de fêlé! Décidément, il me semble que j'en montre, des dispositions!

ESSAYAGE

— Madame va voir, en culotte, ce qu'elle fera bonne figure!

— Vous voilà partie! Vous allez faire du combien?
— Je vais faire du ce qu'il me plaira, na!

— Si j'étais mariée, pourtant, qui sait? peut-être qu'il n'aurait pas les mêmes goûts!

Comme quoi la ligne courbe est le plus court chemin d'une cycliste à un autre!

EN CARNAVAL

ROUCOULEMENTS

— Dites donc, mon ami, il serait peut-être temps de songer à boulotter : j'ai l'estomac dans les pédales !

En selle, mademoiselle!

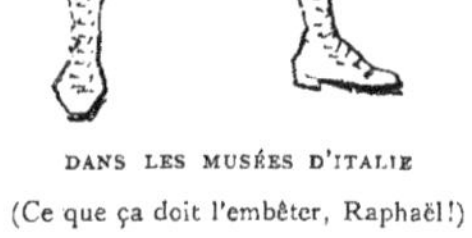

DANS LES MUSÉES D'ITALIE

(Ce que ça doit l'embêter, Raphaël!)

TANDEM FAUSSÉ

... Mais les plus belles choses
Ont le pire destin,
Et leur flirt a vécu ce que vivent les roses,
L'espace d'un matin!

N'en fait point, mais ce bon docteur lui a conseillé la culotte, histoire de changer d'air!

A L'ENTRAINEMENT

PETITE PHOTO

— Il me semble que vous allez me prendre de bien près!

— Que voulez-vous? je suis si myope!

AU MANÈGE

Une de ces petites élèves qui donnent des ailes aux professeurs!

— Emballée, mon cher! Je n'ai plus qu'une envie : battre mon propre record!

— Si vous voulez, je vous aiderai?

SON ALTESSE

SUR PLACE KILOMÉTRANT AU COMPTEUR

— Et cela vous réussit, vous fondez?

— Tout le temps : ainsi, je n'engraisse plus que de cinq livres par mois, au lieu de dix!

— Hé! là-bas, dites donc, l'arroseur!

— Ej' voulais vous rafraîchir, la p'tite dame!

DANS LE PARC

L'éducation d'une future reine!

FLIRT

— Est-ce une déclaration, mon cher?

— Si vous voulez : la déclaration des droits de l'homme!

CHEZ SON CULOTTIER

— Madame désire plus de jeu? Bon! Nous ferons un zouave-accordéon à madame!

— Le demi-londrès, oui : la cigarette, c'est bon pour les potaches!

— Dis donc, ma p'tite, attention que ça ne craque!

VOCABLES DU GRAND SIÈCLE

Elle a crevé, mais il a réparé!

— J' sais pas, maintenant, cela ne me semblerait plus si drôle, les hommes en jupe!

Circulating library.

— Mon chéri, si la machine te fatigue, passe-la-moi!

DÉCLARATION (TRENTE A L'HEURE)

— Moi, ah là là! Un type qui me goberait en plein, je serais fichue de devenir la plus chic des petites mères de famille — sans enfants, bien entendu!

— Si les hommes n'étaient pas si raseurs, un peu que j'en ferais, du tandem!

— Quand un mossieu vous a regonflé votre pneu, il se croit tout permis — parole d'honneur!

Une femme qui a de la branche!

— C'est égal, je suis curieuse de voir s'il va boulonner encore longtemps comme cela sans me manquer de respect!

Très chic!

ÉPANCHEMENTS

— Et pendant ce temps-là, il me semble que je le vois d'ici, votre mari, donnant le lolo au bébé!

— Oh! nous le nourrissons au biberon!

Ménage à trois.

COUTURIER DE GÉNIE

— Pas pour dire, mais je ne me suis jamais gobé comme en regardant la culotte de madame la princesse!

COSTUME PANACHÉ

— Comme cela, si je ramasse une pelle, il y en aura pour tous les goûts!

Il n'y a que le premier pas qui coûte (trois francs l'heure)!

— Voyons, mes petites chattes, en voilà assez!
Pour vous raccommoder, je viendrai vous prendre demain avec ma triplette!

Ne veut pas qu'on la croque, na!

A LA PORTE MAILLOT

— Ce goinfre d'Ernest, il lui faut tout le trottoir!

— Mon cher, vous ne m'avez encore rien dit de ma petite jupe?
— Mais, ma bonne amie!...
— D'ailleurs, vos amis, comme toujours, ont pris les devants!

SOUPIRS SANS REGRETS

— Si je m'étais fait aimer, je serais peut-être moins indépendante!

— En somme, nous avons les mêmes cigarettes, les mêmes cycles, les mêmes culottes — et les mêmes hommes!

— Tu sais, Jeanneton, à vous deux, toi et le chien, vous n'êtes pas encore assez grands pour la bécane à papa!

PHILOSOPHERIES

— Effrayant ce qu'il y a encore de cyclistes qui ignorent les grenadines que l'on doit à une femme!

— Surtout, monsieur le photographe, n'oubliez aucun détail : il faut que cela reste comme portrait de famille!

Belle personne — ô combien!

Quand on a la grenadine maussade!

ACCOURANT A LA PELLE!

— Laissez-nous faire, madame : nous ne souffririons pas que vous vous frottassiez vous-même!

Madame la présidente de l'œuvre des Bécanes incurables.

— Tu te mets bien, toi : tu sors sans bécane, tu vis de tes rentes !

— Tannante, cette averse ! Pas pour moi, pour ma bête !

TABLE

FIN

E. PLON, NOURRIT & Cie, IMPRIMEURS-ÉDITEURS
Rue Garancière, 8 et 10, PARIS

ALBUMS POUR LES GRANDES PERSONNES

(COLLECTION PLON)

MARS

PARIS BRILLANT

AUX RIVES D'OR
MARSEILLE — TOULON — HYÈRES — SAINT-RAPHAEL — CANNES
ANTIBES — NICE — MONACO — MENTON — BORDIGHERA — SAN REMO — SAVONE
GÊNES — ET LEURS ENVIRONS

AUX BAINS DE MER D'OSTENDE

PLAGES DE BRETAGNE ET JERSEY
SAINT-MALO — PARAMÉ — CANCALE — DINARD — PORTRIEUX
ROSCOFF — SAINT-POL DE LÉON — PLOUGASTEL — MONT SAINT-MICHEL
AVRANCHES — GRANVILLE — SAINT-HÉLIER — ET LEURS ENVIRONS

SABLE ET GALET
PLAGES DE NORMANDIE ET DU NORD
De Cherbourg à Rosendael-Dunkerque.

LA VIE DE LONDRES

CRAFTY

A TRAVERS PARIS

CARAN D'ACHE

NOS SOLDATS DU SIÈCLE | LES COURSES DANS L'ANTIQUITÉ

HENRI RIVIÈRE

LA TENTATION DE SAINT ANTOINE

*Chacun de ces Albums forme un beau volume in-4° richement illustré en couleurs, très élégante reliure toile anglaise, avec fers spéciaux. Prix : **10** francs.*

ALBUMS POUR LA JEUNESSE

(COLLECTION PLON)

MARS

JOIES D'ENFANTS
AU PRINTEMPS — EN ÉTÉ — EN AUTOMNE — EN HIVER

NOS CHÉRIS
CHEZ EUX, A LA VILLE, A LA MER, A LA CAMPAGNE, DANS LE MONDE

COMPÈRES ET COMPAGNONS
PETITS AMIS — GRANDS AMIS — BONNES CONNAISSANCES

M. B. DE MONVEL

JEANNE D'ARC

FABLES DE LA FONTAINE
CHOISIES
POUR LES ENFANTS

LA CIVILITÉ PUÉRILE ET HONNÊTE
EXPLIQUÉE
PAR L'ONCLE EUGÈNE

VIEILLES CHANSONS ET RONDES
POUR LES PETITS ENFANTS
Notées avec accompagnements faciles, par Ch.-M. Widor

CHANSONS DE FRANCE
POUR LES PETITS FRANÇAIS
Notées avec accompagnements faciles, par J.-B. Weckerlin.

CRAFTY

LA CHASSE A COURRE, Notes et croquis | LA CHASSE A TIR, Notes et croquis

L'ÉQUITATION PUÉRILE ET HONNÊTE
PETIT TRAITÉ A LA PLUME ET AU PINCEAU

GUIGOU & VIMAR

L'ARCHE DE NOÉ | L'ILLUSTRE DOMPTEUR

JOB

LE GRAND NAPOLÉON des petits enfants

*Chacun de ces Albums forme un beau volume in-4° oblong, richement illustré en couleurs, très élégante reliure toile anglaise, avec fers spéciaux. Prix : **10** francs.*

PARIS. TYPOGRAPHIE DE E. PLON, NOURRIT ET Cie, 8, RUE GARANCIÈRE. — 2472.

LABOR IMPROBUS
OMNIA VINCIT

www.ingramcontent.com/pod-product-compliance
Ingram Content Group UK Ltd.
Pitfield, Milton Keynes, MK11 3LW, UK
UKHW020958220726
13924UKWH00002B/775

9 782019 969868